虛空打破明心地

宣公上人說禪

目錄

2 什麼是禪

3 禪的十種利益

4 如何參禪

一・打坐

二・參話頭

5 禪的境界

6 禪的公案

7 禪的問答

8 禪偈與禪機

宣化上人德像

The Venerable Master Hsuan Hua

虛空打破明心地

萬緣放下，一念不生

（代序）

—虛雲老和尚開示

參禪的目的，在明心見性，就是要去掉自心的污染，實見自性的面目。污染就是妄想執著，自性就是如來智慧德相。如來智慧德相，為諸佛眾生所同具，無二無別。若離了妄想執著，就證得自己的如來智慧德相，就是佛，否則就是眾生。祇為你我從無量劫來，迷淪生死，染污久了，不能當下頓脫妄想，實見本性，所以要參禪。因此，參禪的先決條件，就是除妄想。妄想如何除法？釋迦牟尼佛說的很多，最簡單的莫如「歇即菩提」一個「歇」字。

禪宗由達摩祖師傳來東土，到六祖後，禪風廣播，震爍古今，但達摩祖師和六祖開示學人最緊要的話，莫若「屏息諸緣，一念不生」。屏息諸緣，就是萬緣放下，所以「萬緣放下，一念不生」這兩句話，實在是參禪的先決條件，這兩句話如果不做到，參禪不但是說沒有成功，就是入門都不可能。蓋萬緣纏繞，念念生滅，你還談得上參禪嗎？

「萬緣放下，一念不生」是參禪的先決條件，我們既然知道了，那麼如何才能做到呢？上焉者，一念永歇，直至無生，頓證菩提，毫無囉嗦；其次，則以理除事，了知自性本來清淨，煩惱菩提，生死涅槃，皆是假名，原不與我自性相干。事事物物，皆是夢幻泡影，我此四大色身與山河大地，在自性中，如海中的浮漚一樣，隨起隨滅，無礙本體。不應隨一切幻事的生住異滅，而起欣厭、取捨，通身放下，如死人一樣，自然根塵識心消落，貪瞋癡愛泯滅。所有這身子的痛癢苦樂、飢寒飽暖、榮辱生死、禍福吉凶、毀譽得喪、安危險夷，一概置之度外，這樣才算放下。一放下，一切放下，永遠放下，叫做萬緣放下；萬緣放下了妄想自消，分別不起，執著遠離，至此一念不生，自性光明全體顯露，自是參禪的條件具備了，再用功真參實究，明心見性才有分。

日來常有禪人來問話，夫法本無法，一落言詮，即非實義。懷此一心，本來是佛，直下無事，各各現成，說修說證，都是魔話。達摩東來，「直指人心，見性成佛」，明明白白指示，大地一切眾生都是佛。直下認得此清淨自性，隨順無染，二六時中，行住坐臥，心都無異，就是現成的佛。不須用心用力，更不要有作有為，不勞纖毫言說思惟。所以說成佛是最容易的事，最自在的事，而操之在我，不假外求。大地一切眾生，如果不甘長劫輪轉於四生六道，永沉苦海，而願成佛常樂我淨，諦信佛祖誠言，放下一切，善惡都莫思量，個個可以立地成佛。諸佛菩薩及歷代祖師，發願度盡一切眾生，不是無憑無據，空發大願，空講大話的。

宣化上人簡傳

上人，名安慈，字度輪，接虛雲老和尚法，嗣溈仰，法號宣化，籍東北，誕於清末民初。年十九出家，廬墓守孝三年。修禪定，習教觀，日一食，夜不臥，修種種梵行，行腳參方，親近虛雲老和尚及當代耆德。一九四八年抵香港，成立佛教講堂等道場，一九六二年攜正法西來，在美開演大乘經典數十部陞座說法萬餘次，乃在美建立三寶之第一人。

歷年來上人創辦法界佛教總會及其所屬道場、機構多處。他教導東西善信，實踐佛法於日常生活，又訓練弟子翻譯經典、興辦教育，並督導法總所屬各道場之僧眾，成為真正行持佛法之僧團。一九九五年六月七日，上人圓寂於美國洛杉磯，慧日遽殞，世人同悲。高僧示寂，風範猶存。上人一生大公無私，其慈悲智慧之教化，已令無數人改過自新，走向清淨高尚之菩提大道。

長白乞士性憨直，助人利他唯恐遲；
為法忘軀捐生命，應病與藥捨髓皮。
願同十萬成一體，行盡虛空攝萬機；
無去無來無現在，亦無南北與東西。

1 為什麼要參禪

意不顛倒不再糊塗

我們人生來糊塗，死去糊塗；睡也糊塗，醒了也糊塗。這樣活著有何價值？那麼是不是不要做人呢？不是，但你要明白生從何來？死從何去？有人說：「我知道怎樣死去；或服藥、或上吊、或投河，不就知道嗎？」這叫自殺，不但不能解脫，反而增罪業。因此，打坐要想辦法，將來臨終時，如何身無病苦，心不貪戀（不貪財色名食睡），意不顛倒，如入禪定。或含笑而逝，或悠然而逝，或見彌陀佛手執金臺來相迎，人對生死有把握，預知時至，知道哪一年，哪一月，哪一日，乃至哪一時辰圓寂，知道這一生的事情辦好了。修行就是為這個！若不知道這最後一關，則糊塗一輩子。也不是說死了就完了，要是這樣，下一輩子仍然糊塗，再下一輩子仍是糊塗，如是者永遠糊塗，多可憐啊！

我們打坐、學佛，就是想不糊塗，想真正明白本身的化學工廠，如何把這化學工廠建立起來，研究真科學之所以然。你到外面去找科學，是捨本逐末。你把本身明白了，才得大智慧，學佛即是學大智慧。

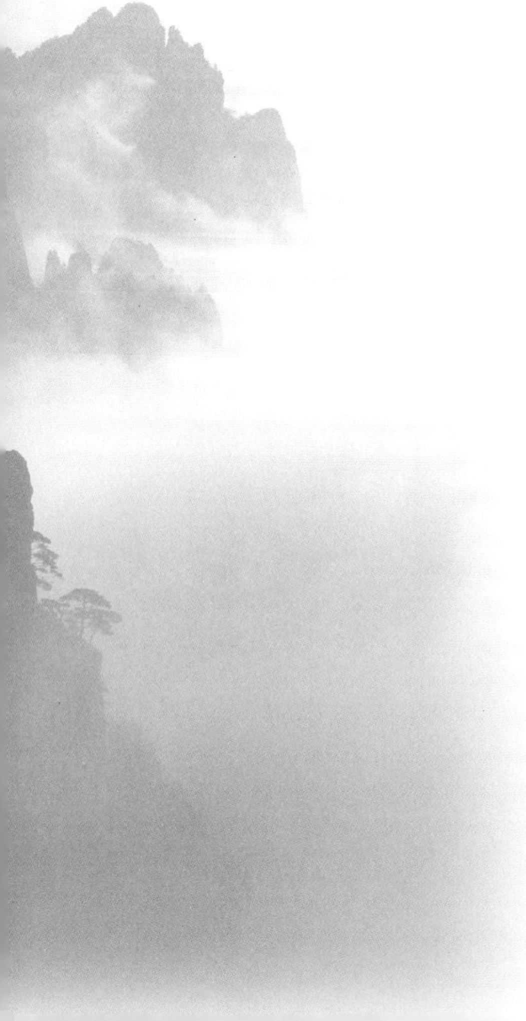

生死自由來去自由

參禪的人，對於生死自己能做主宰，來去自由，不受任何限制，所謂「性命由我不由天」，就是閻羅老子也管不了，對你無可奈何！為什麼呢？因為你已經出離三界的緣故。

何謂來去自由？也就是生死自由，愛活就活，愛死就死，隨心所欲，可是要注意，這種死並不是自殺，也不是服毒。

我們的身體，好像房子，願意外出旅行，到什麼地方去，都是自由。願意化身千百億，盡虛空遍法界去教化眾生，任運自如；不願意旅行，就在房子住，沒有人來干涉。要曉得盡虛空遍法界，都在法身中，沒有跑到法身之外邊。

大家辛辛苦苦來參禪，晝夜不停來用功，就希望生死自由，能控制自己的生命，對生死有把握，能做得主，那才是得到生死自由的境界。參禪的人，參到上不知有天，下不知有地，中不知有人，與虛空合而為一，到了這種境界便有開悟的曙光了。行行坐坐，坐坐行行，便是開智慧的鑰匙。

全體大用了然明白

如果不參禪，不打坐，生從何處來？死往何處去？不知道。不知道就糊糊塗塗生來，又糊糊塗塗死去，這樣一輩子，多麼可憐！用功參禪的人，開了悟，認識父母未生之前的本來面目，豁然貫通，則眾物之表裏精粗無不到，而吾心之全體大用無不明。得到大造大化的境界，將來能成就佛果，得到無上正等正覺的地位。

參禪打坐才能開悟

人怎樣才能開悟呢？開悟好像開鎖一樣。鎖能把門鎖上，禁止你出入，你一定要有一把鑰匙，才能把門鎖打開，否則，將永遠被禁在屋中。那麼這把鑰匙放在哪裏？就在你自己的身邊，很容易找到。怎樣去找呢？你現在參禪打坐，念佛持咒，就是在找鑰匙。什麼時候能找到呢？就要看你自己的修行程度而定。如果精進，很快就找到；如果懈怠，就永遠找不到，不但今生，即使來生也找不到。這種道理非常簡單。

從此不落人我相

「大地春回百物生　粉碎虛空自在翁
從此不落人我相　法界雖大盡包容」

我們參禪就有機會開悟，自性光明現前，猶如春回大地百物滋生。虛空本來是無形的，無形的虛空也被粉碎，你就得自在了。從此不再執著人相，做到人相空，我相也空。法界雖然大，我也能包容，豈不是成大丈夫嗎？

打坐入定法身復活

坐禪修定是給我們法身之食糧。肉身天天要吃飯、穿衣、睡覺，忙忙碌碌，為衣食睡奔波。一天不吃飯也不行，一天不穿衣也不行，一天不睡覺也不行。這三件事皆不可少缺，每人都這樣，缺一不可。可是，法身也要吃、穿、睡。打坐就是給法身天然的飲食，吸收虛空裏的真營養品，令法身增長健康。打坐若入定了，就是法身在睡覺、休息；若不入定，法身仍然沒有睡覺、休息。法身的衣服是忍辱，能入定，法身就復活。靜坐久了，法身就能得到法味，能吸收虛空所含之真營養品。人肉身需要這三種東西，法身亦需要。我們修行，天天要著忍辱衣、入如來室（入定）、升如來座，這個法身不能一天不滋養他的。

久坐有禪清淨其心

坐禪的目的就是要開智慧，所謂開悟也即是開智慧。有了智慧，就不會像從前那麼顛倒，你若坐在此處身不動、心不動，便能入定；有了定，自然開智慧，而一切問題也迎刃而解了。

佛沒有什麼地方與旁人不同之處，只是他有大智慧。大智慧，也即是神通，精神通達一切。智慧與神通二而不二，但這不是鬼通。鬼通是用自己的識心揣測，自命聰明，其實不是聰明。真正的智慧不用想，是自然知道，任運自在的。你有智慧，一切通達；若無智慧，則事事顛倒。明明是顛倒，自己還不知；若知道做錯了，尚有得救；若做錯了而又不知，就是很苦啦！

我們若想「離苦得樂」，我們就要有智慧，有了智慧便不再苦了。若明白了這個道理便不會生煩惱。其實這道理很簡單，但坐禪必要拿出時間來，所謂「久坐有禪，久住有緣」。參禪，即是清淨其心；靜慮，是要把思慮平靜，把思慮收拾乾淨。這就是神秀大師所謂的「時時勤拂拭，勿使惹塵埃」，把這道理懂了，便能立志修禪。

各位要努力，要拿出忍耐心。腿痛腰痠也要忍。所謂「不受一番寒徹骨，怎得梅花撲鼻香？」

2 什麼是禪

制之一處無事不辦

坐禪此一法，乃修行必經之路。何為禪？「禪」不是中文，是梵文 Dhyana 之簡稱，此云「思惟修」，亦云「靜慮」。由於中國人喜歡省略，而謂之「禪」，故有「坐禪」或「打坐」等名詞。顧名思義，「打坐」是要坐，坐著為什麼？為攝心。一般人雖然坐在那裏，但心不在焉。心到何處去了？打妄想去了，忽然而東，忽然而西，忽然而南，忽然而北。不用花錢便坐上火箭各處跑，妄想紛飛，不容易控制。

人為什麼沒有智慧？就因為心到處跑。人為什麼一天比一天老？因為心各處馳逐。比如一部新車子，你亂去駕駛，必定用很多汽油，且又浪費很多汽油，結果車身及機件都產生很多毛病，把車子弄壞。人的身體亦同此理，你若不懂好好管它，讓它任意到各處跑，也必定浪費很多汽油。什麼是汽油？就是你寶貴的精神。不管你添多少汽油，也把它耗費了。像人天天吃補品，說有營養能補助身體，可是你若不懂珍惜自己的精神，到處外馳，則

吃多少補品也補不了所丟掉的精神。

所以諺云「制之一處，無事不辦」，必要把心收攝回來，使他定在一處，才不致浪費精神、透支精神。比如你懂得開車，不使它橫衝直撞，則不會遇到意外，而車子也能用很久。同理，人的身體若懂得修養，則身不會老，且不會死。

拈花示眾以心印心

參禪，乃釋迦牟尼佛在靈山會上拈花示眾、所傳之微妙心印法門。迦葉祖師當時明白佛的意旨，遂破顏微笑，自此佛祖心印法門便有得傳承。本來迦葉祖師已一百多歲，且他修頭陀行，常抖擻精神用功，不會隨便笑，這次微笑，是因為他得到佛陀「以心印心」之表示。

靜慮才能夠有禪

禪，翻譯為靜慮，因為你靜慮才能夠有禪，你若不靜慮就沒有禪。定，就是不動的意思，不動就是定，你若動了就不定。「禪悅為食」，「禪定現前」。你修道打坐，坐禪！坐禪！禪要坐，你坐，才能功夫現前。不是一打坐就睡覺，這不是坐禪，是睡禪。睡不是禪，睡也不是定，禪不可睡。禪定樂，在一入定的時候就和睡覺不同。睡覺時，已經失去你的靈知靈覺，沒有知覺性，糊糊塗塗睡著了，什麼事情也不知道了。入定就是端然正坐，他坐得腰非常直，頭也是直的，不會低頭，不會歪歪脖子。

怎麼叫定力呢？定有個力量，這個力量就支持你的身體不歪不斜，不前俯，不後仰，這是得到禪定了。定裏邊就有一種快樂，這一種快樂是說不出來，沒有法子形容，就是超過思慮，超過你心所思慮的，所以說「言語道斷」，「心行處滅」，得到這一種禪定的樂。這種樂，也是繼續、繼續不斷的快樂。

你有了禪定的樂，就生出了一種勇猛精進心。這不是普通的勇猛精進心，是一種大的勇猛精進心，當中有大的禪定快樂。這一種勇猛精進是很堅固，很有力量。這一種力量是沒有任何的力量可以擋得住它。

思惟修減少妄想

坐禪又叫「思惟修」。從此三個字觀之，坐禪不可能沒妄想，一定會有妄想，如水波浪。為什麼水裏有波浪？因為有風之緣故。我們坐禪，為什麼打妄想？因為自性裏猶存虛妄，虛妄如風，妄想就如水中波浪。

現在打坐要「靜慮」，就是要停止妄風。「思惟修」，即是要減少妄想，停止心裏之波浪。「靜」，即是令它不動，「慮」

，即念慮；念慮不起，能生定力。定力生出，久而智慧現前；有了智慧，能照了諸法實相，即「一念不生全體現」。靜慮到極點，一絲妄想也無，便能入定，而本有智慧現前，才真能明白做人之根本道理，不被外物所動搖，外面的萬事萬物不能動搖你的心，才算「如如不動，了了常明」。

此時，稱譏苦樂利衰毀譽，這八風皆不能動搖你的心。人稱讚你、譏諷你；你若遇著苦（逆）或樂（順）境，仍然保存著「順逆皆精進，苦樂不動心」的態度。利，是利益自己的事；衰，令你損減之事；毀，是毀謗；譽，是讚譽。能夠「八風吹不動，端坐紫金蓮」，不被八風吹動，就是「思惟修」、「靜慮」的表現。不為外物所搖，才能明白怎樣打坐。

頓悟無生知見力

參禪即是心念不動，是為之「靜」。

禪門是向上一法，單刀直入，離開心意識參，因此說「了卻心」。這個「心」也包括「意識」活動，要把這種種的妄心活動停止，方為之靜慮。如此，則「頓悟無生知見力」，獲無生法忍，證得「煖」、「頂」、「忍」、「世第一」，四加行。

煖：是坐到有點暖氣，

頂：功夫已達到頂點，

忍：這時很難忍，但仍然要忍可於心，

世第一：成為世出世之大丈夫。

欲證得此四位，先要懂得如何靜慮，即是不動心意識。我們的思慮如水波浪，不能靜止。坐禪是要心意識之念慮不動搖，使它自然停止。止了，就是靜慮；靜到極點，便生出智慧；生出智慧，便會發光。所謂「靜極光通達」，也即是「頓悟無生知見力」。能夠了卻心意識，得到無生知見力，才能開大智慧。

輕安滋味妙無窮

什麼是禪味？就是得到禪定的快樂，得到輕安的滋味。這種滋味奧妙無窮，不可以心思，不可言議，身歷其境的人才能體會，才能領受。好像如人飲水，冷暖自知，只可意會，不可言傳。各位想要知道這種禪味是甜是苦，要努力參禪，到了相當境界時，自然曉得其中滋味，所以要參，參到水落石出時，就得到禪味。禪不是說的，而是參的，所以禪宗是不立文字，教外別傳，直

指人心，見性成佛的法門。參禪的人，參到火候到的時候絕對不發脾氣，不與人爭論，到了無諍三昧的境界。也不求名，也不求利，看富貴為花間露水，看功名為瓦上霜片，頃刻就消逝無蹤。

3 禪的十種利益

禪的十種利益

參禪有十種利益，這十種的利益，第一種叫「安住儀式」。你天天參禪打坐總有個樣子，這個樣子就是個儀式。你天天參，月月參，年年參，時時參，刻刻參，都有一定的儀式。你行跑香，在禪堂裏要跑香的時候，就叫說：「行起來！」就是跑；在裏邊跑得甚至於身上都出汗了，跑得天昏地暗，上不知有天，下不知有地，中不知道有人，就是不知道有我了，根本就沒有一個我了。一跑到這個無我無人的時候，就觀自在了；沒有我，也沒有人。既然沒有我，也沒有我的妄想了；沒有人，也不打人的妄想了，這個時候就是觀自在了。「非空非色見如來」，那個佛也不落於空，也不落於有，既非空又非有，所以如來的法身是非空非有的，你就見到如來的法身了。這是安住儀式。

第二種利益叫「行慈境界」。這種行慈境界，不一定要說是對人好。遇著應該慈的，就用慈悲來教化他，這叫攝受門；遇著某一種的眾生，你應該罵他一頓或者打他一頓，他才能覺悟，那麼你就要用你這個慈悲心來打他、罵他，罵得他開悟了，或者打他幾香板，把他打開悟了。在禪堂裏頭常常有打人的，這個打人和一般打人不同，是想開悟，想他好，想他守規矩，想他不打妄想，所以這叫行慈境界。

第三叫「無悔熱」。悔熱就是煩惱。悔就是後悔，後悔就心裏生出煩惱，這叫熱。沒有煩惱，這是第三。

第四種，「守護諸根」。守護這六根。六根怎麼要守護？你不守著它，它就跑了，眼睛，就跟著色塵跑；耳朵，就跟著聲塵跑了；鼻子，就跟著香塵跑了；舌，跟著味塵跑了；身，就跟著觸塵跑了；意，就跟著法塵跑了，所以就要守護六根，就是六根門頭放光動地。怎麼放光呢？放光就是都不打妄想，都生出本有的智慧來；智慧光普照三千大千世界，所以這叫六根門頭放光動地。

第五，參禪的人就會得到禪悅為食，法喜充滿，這叫「得無食喜」，不吃東西也歡喜。你誰要能參禪參得不吃東西也不覺得餓了，還生出一種歡喜心，這就得到第五種的利益。這叫「得無食喜」，沒吃飯也歡喜，只要有參禪就可以了。

第六種的利益是「離愛欲」。離開愛欲心，這就是清淨心。愛欲就是染污，染污也就是生死。我們一般人為什麼有生死？就因為愛欲不斷。一般人為什麼在這個六道輪迴裏轉來轉去，這個生死不了，也就因為有這個愛欲心，也就因為這種愛欲總也斷不了。你斷不了愛欲，生死就不能了；生死不能了，那就是在六道輪迴裏頭轉來轉去的。你參禪的人能離開愛欲心，沒有愛欲心了，這個地獄門就關了，不會墮地獄了。這第六種利益。

第七種利益是「修禪不空」。什麼叫修禪不空？就是只怕你不修，你修就不會空過的。你坐禪坐一個鐘頭，你的慧命就增長一個鐘頭；你坐兩個鐘頭，你的慧命就增長了兩個鐘頭；你時時刻刻來參禪，日日月月來參禪，年年參禪，這你一定會開大智慧的。所以這個修禪不空，只要你修，它就不會空過的。

第八叫「解脫魔業」。這個魔的業力都可以得到一種解脫。魔的業障可以解脫，那個魔他沒有法子來障礙你。

第九種「安住佛境」。你能常常參，就是得到第九種的利益，就是安住在這個佛的境界上。

第十種是「解脫成熟」。是人人都希望得到的一種好處。解脫成熟就是沒有障礙了，沒有障礙就是清淨法身，這是第十種的參禪的利益。

4 如何參禪

一·打坐

金剛坐降天魔

坐禪的姿勢要正確，對身心皆有益處，否則失掉坐禪的意義。坐禪時，先將身心放鬆，不可緊張，最好結雙跏趺坐，這是基本的坐法。何謂雙跏趺坐呢？就是先把左腿放在右腿的上邊，然後將右腿搬到左腿上邊，這又叫金剛坐是堅固不動的意思。過去諸佛皆以金剛坐而成佛。這種坐法，可以降伏天魔，可以制止外道，他們見到這種坐法，知難而退，不敢前來找麻煩。

結雙跏趺坐之後，眼睛觀鼻端，不可東張西望。所謂「眼觀鼻，鼻觀口，口觀心」，這樣才能攝持身心，將心猿意馬拴住，不令它們向外奔馳。所謂「專一則靈，分歧則弊」，要端然正坐，就是腰要直，頭要正，不可前俯，不可後仰；不要向左歪，不要向右斜，好像大鐘一樣，四平八穩，不動不搖。不可像鐘擺那樣，東搖西晃。雙跏趺坐才合乎坐禪的姿勢。初學禪的人覺得不習慣，腿也痛，腰也痠；不要緊，咬緊牙關忍耐一時，久了自然沒有這種現象，所謂「久坐有禪」，自然得到禪味。

跏趺坐易入定

結雙跏趺坐的姿勢，是將左腿放在右腿上，然後將右腿搬到左腿上，因為左腿屬於陽，右腿屬於陰。打坐時，左腿是陽在上邊，右腿是陰在下邊，好像無極生太極，太極生兩儀（陰魚、陽魚），也是這樣的擺法。因為方便起見，左腿在下，右腿在上也可以的。法無定法，隨著個人習慣而決定，不必執著一定要這種姿勢。教你左腿壓右腿，這只是個方法而已。並不是硬性規定，

一定要這樣子。總而言之，結跏趺坐，乃是教你容易入定。你能行時入定，坐不坐都可以的。入定的境界沒有任何的妄想，心中一念不生，一塵不染。若能行住坐臥一念不生，一塵不染，那就是在用功，並不一定是坐在那裏，才算是用功。

腳不痛才是正式參禪

學跏趺坐。起初假如腳很硬，痛得太厲害，可以方便坐；方便坐之後，繼而學單跏趺；單跏趺之後，腳不覺那麼痛了，可學習雙跏趺；雙跏趺可以坐得住，腳不痛了，才是正式開始參禪。

本來，參禪是沒有事情故意找點事情來做。譬如，修道人吃飽了肚子，睡夠穿暖了，沒有旁的事便參禪，「遊戲人間」。

端然正坐不偏不倚

打坐的基本姿勢，身體要挺直，宜端然正坐，不偏不倚，不仰不合；但不要造作，要很自然，舌尖頂上顎，有口水時嚥下，口水到肚子裏，能調和氣血。

甘露水治百病

坐禪時舌尖頂上顎，有時會有很多口水，可以把它嚥下。這叫「甘露水」。為什麼？因為坐禪坐久了，口水是甜的，雖不像糖或蜜糖那麼濃，都是淡淡的一種甜味。人常飲這種甘露水，不吃飯也不餓，不喝水也不渴；乃至行不知行，住不知住，坐不知坐，臥不知臥，功夫已打成一片，時刻在定中，所謂「那伽常在定，無有不定時」。

甘露水能治百病，強身健體，能開你的智慧，但必要時刻用功，不要間斷。為什麼修道人不願講太多話？因為要用功，無論搬柴運水，迎賓送客，出入往還，都是在用功。功夫用得純熟，綿綿密密，不想用功他也會用功，不想參「念佛是誰」他也會參。參到風吹不動，雨打不透，功夫成片，風雨也進不來了。

當然這種功夫不是一朝一夕練成的，故要時時刻刻，念茲在茲。甘露水又叫「自家水」；這三個字合起來，念作「藥」字，這是延年益壽的藥，了生脫死的藥，脫出六道輪迴的藥。人人皆有這藥，但人人皆不肯服用這個藥。人人只是捨本逐末，東跑西跑往外找。這個藥是自性本有，人能常用功，口水很甜，甚至超過蜜糖，等到這個「藥」起了功效，身體內便產生變化。人若未得到修行之好處，則不知道；若得到了則時時不會放下功夫，不會間斷。但要持之以恆，守之以素；不是三天打魚，兩天晒網，一日曝之，十日寒之，今天蓮華，明天牡丹。要有堅誠恆，常常用功，才會上路，若忽進忽退，徒耽誤時間。

眼觀鼻，鼻觀口，口觀心

打坐要坐得端然正坐，不要向後仰，也不要向前俯，也不要把頭低低的，把頭正直起來，眼睛看鼻子，看這個鼻子是衝上衝下呢？要看清楚了。鼻就看著口，那麼鼻上有眼睛嗎？它看口，慢慢就會生出眼睛了。你越是叫它看，這個鼻子就會看見口了。這樣子鼻觀口，口就問心，自己問心，你這個心是個黑心？是個白心？是個黃心？是個紅心？你這個心是青黃赤白黑，是個什麼心？問一問它。如果若黑心，那黑要把它變成白的，你看你的黑心一天比一天就變色了，變了白了，變了大光明藏了，與法界合而為一了，這時就有點辦法了。

呼吸氣，不要用口，鼻子可以通氣的，有的人鼻子不通氣，用鼻子呼吸就很困難，那麼你若能用鼻子來呼吸，鼻子這個氣吸進來要把它這個氣停止到肚臍後邊，不是肚臍下邊，那個地方是空空洞洞的，沒有一個什麼東西，只是本來無一物，本來無一物就是這個，你的呼吸氣要停止到這個地方。

一般人有這麼一句話，說你會不會接氣，你能不能接上氣啊？這是一個很重要的問題。你若能接上氣，外呼吸就是內呼吸，內呼吸就是外呼吸，所以那有道的人，他外邊就不呼吸了，這呼吸停止了，裏邊的呼吸它會動。你鼻孔沒有氣出了，在這個口也沒有氣出了，可是他周身毛孔都會呼吸的。你看他像死人，但是死而不亡，此刻死了，但是他沒有亡，這樣不需要外邊的呼吸氣，內裏的呼吸氣活了。

這個時候，你眼觀形色內無有，形形色色裏邊都沒有了，耳聽聲音心不知，心也不知道了，內裏頭觀這個心，心也沒有，向外觀這個形，形也沒有，向遠觀這個物，物也空了，可是在這個時候，你不要以為自己就了不起了。這還是一個前方便，只不過是一種輕安的境界，你不要認賊作子，以為我就是了不起了。

煖、頂、忍、世第一

打坐時，舌尖頂上顎，這是任、督二脈在這兒交接，任、督二脈通了，那麼氣血也通了，這時候覺得很自在。在口裏有口水，把它吞到肚子裏邊去，時時這樣吞，就好像是用甘露來滋潤菩提苗一樣的，給他灌水，坐坐身上會有一股暖氣，很熱很熱的。在這個階段開始生出一種作用：第一個階段就是熱，熱先從肚子裏邊熱，熱到週身上去，到週身然後再回來，這麼熱個幾次，這叫熱的階段。

熱以後，經過一個相當的時間，也就是在這化學工廠裏頭來化驗，化驗得差不多了，以後接著就到頂位了。頂位，就覺得頭上那兒好像有一點什麼，又好像沒有，你説有你也看不見，也摸不著，只是有這個感覺在頭上，總是覺得它有一點不可思議的境界，這叫頂位。

頂位以後就覺得很忍不住，這種的感覺忍不住，還要忍，這叫忍位了。頂的階段過去就是忍的階段，忍的階段很不容易忍過去，覺得頭上很不舒服的，就好像有什麼東西，要把頭鑽出個窟窿似的，這個時候又忍，忍，久而久之，這窟窿鑽透了，跑出去了，跑出到這個頭上面，出這窟窿外邊去了，就好像小鳥在鳥籠子出去一樣，高興得不得了。這才是世界第一個忍，所以這叫世第一，世界的第一個大丈夫，第一個大豪傑，沒有人可比的，所以叫世第一位。在這個時候做世第一位，然後還要小心天天來修行。

降伏客塵五欲沉底

坐禪，就是要清心寡欲，這是修行第一步功夫。清心，把客塵沉靜下來。猶如一碗混濁的水，你若總動盪它，水總是混濁不能看清楚。若把混水放到器皿裏靜深不動，沙塵便沉底，這是降伏客塵煩惱之初步功夫。我們身體能靜坐一須臾，勝造恒沙七寶塔。因為在這靜坐的一剎那之間，能降伏客塵，使五欲之沙塵沉底，即所謂「心清水現月，意定天無雲」。

行住坐臥都在參禪

坐禪不是很好玩的一件事，要受很多苦。從早晨兩點鐘開始坐香，一直到夜間十二點鐘睡覺，中間只有一個鐘頭休息。在參禪的期間要忘身、忘心、忘世，一切皆忘掉，也就是沒有「我」的存在，也就是一切皆空，到了真空的境界，便生妙有。大家要注意！在修行的時間不可隨便亂講話，不可隨便打妄想，更不可躲懶偷安，就是一分一秒的時間，也要愛惜。所謂「一寸時光，

一寸命光」。因此，行也參禪、住也參禪、坐也參禪、臥也參禪；行住坐臥都在參禪，要細心來鑽研，越鑽越透、越研越明。

專心一致堅忍不屈

我們參禪不要怕腰痠腿痛，要拿出金剛的志願來，要用堅忍與恆心來參禪；要恆常不變，堅固不屈，時時刻刻，都在努力用功。

古來的大德高僧坐了幾十年還在坐，可見修行不是那麼簡單容易，以為今天是牡丹，明天就是蓮花，坐一天就可以開悟，所以大家要拿出忍耐心，參加坐禪。

要如何專一呢？譬如女孩子追男孩子，或男孩子追女孩子，要像那樣專心一致。能用這種誠心、堅固心，念茲在茲地參禪，則沒有不成功的道理。

坐如鐘，行如風

參禪可修定，參禪這種法門是無為而無不為。表面看參禪是無所作為，實在一個人參禪，就有一個人在法界中幫助正氣伸張。如果每個人都參禪，世界上就沒有戰爭了。

雖然說「久坐有禪」，但真正的參禪，不單只坐才有禪，站著也可以參禪，走路時、睡覺時，同樣可以參禪，所以行、住、坐、臥也在參禪。用功的人不管閒事，時時刻刻照顧話頭，念茲在茲地參「念佛是誰？」參到山窮水盡，參到極點，行、住、坐、臥皆有威儀。

「坐如鐘」：坐得穩定，不可以像鐘擺般搖搖幌幌。要端然正坐，眼觀鼻、鼻觀口、口觀心，舌尖頂上顎，有涎液則吞進肚裏去。

「行如風」：跑香時如疾風，風颳得上不見天，下不見地，中不見人。因為用功時無人無相，所以上不見天，下不見地，中不見人。慢行時，猶如清風徐來，水波不興。

「立如松」：站立時，直著腰，軒昂地站立，好像大松樹那樣地直。

「臥如弓」：睡覺時，要托腮搭褲，右脅而臥，作吉祥臥姿勢。

永嘉大師云：「行也禪、坐也禪，語默動靜體安然，縱遇鋒刀常坦坦，假饒毒藥也閒閒。」達摩祖師曾經有六次遭外道下毒，他明知是毒藥，也嚥進肚裏去，可見他無我相，把生死視作等閒。

人用功時，驚天動地鬼神泣，魔王也震驚；人用功時，魔王無能施其技，所以震驚了。我們若能二十一小時腳踏實地，分秒必爭地用功，必然驚天動地。

我們修行無為法，先從有為法著手，不怕跑香坐香的辛苦。跑香是有為，坐香是無為，故說：「無為有為，有為無為；即有為，即無為。有為就是無為，無為就是有為。」

功夫日增煩惱日減

坐禪就是像馴馬師、馴猴師，很不容易的；雖然不容易仍然要坐，勉為其難。在這世間上，你要做哪一件事，都是不容易，很費力的，坐禪亦復如是，必要費一番功夫。你能將狂心野性、癡心妄想制之一處，功夫就會日增，而煩惱也日減。

打坐如抽絲剝繭

我們打坐，正在抽絲剝繭。我們如蠶作繭，被七情（喜怒哀懼愛惡欲）六欲所綑。這七情雖不能立刻斷盡，也得一點一點把它減輕。

喜：不要過份喜悅，一笑就笑到發狂。

怒：更不能發脾氣，所謂「星星之火，能燒功德之林」，「千日打柴一火焚」。你坐禪時心平氣和，坐得很平安，一旦發脾氣則百病叢生，週身骨節疼痛，因為瞋火已把菩提樹燒光了。

哀：不能過份悲哀不節。

懼：心有恐懼，則不得其正。

愛：見到美色生愛慾心，見到旁人有好東西便想佔為己有，這都是貪愛心。

惡：惡剛與愛相反，愛到極點便厭惡了。

欲：這包括一切欲念，皆與道不相應。

這七情要一點一點減輕，故要時時勤拂拭。七情減輕到極點

便沒有了，這時常在定中，行住坐臥都是參禪，都在用功。這時已認識自己的本來面目，知道自己的鼻孔是朝上或朝下了。

勝造恆沙七寶塔

「若人靜坐一須臾，勝造恆沙七寶塔」，一須臾，包括無量大劫。無量大劫不離開現前一念；現前一念沒超出無量大劫。能夠靜坐一須臾，這時無人、無我、無眾生、無壽者相，沒絲毫妄想，一念不生，萬緣放下。這時候縮無量劫為一念，放一念為無量劫。若能靜坐一須臾，或半個小時，或三、五小時，甚至七晝夜，還是靜坐。這時候真達到內無身心，外無世界，這種功德，比你造恆河沙數七寶佛塔還大。

為什麼？因為建塔的功德是有形相，故終歸斷滅。若能達到無身心，無世界，這時自己的般若智慧現前。這種智慧，視之不見，聽之不聞，嗅之無味，但菩提覺性宛然存在。

若能須臾間，在很短的時間內，無人相、無我相、無眾生相、無壽者相，與本來佛性相應。本有佛性能照了諸法實相，不生不滅、不垢不淨，不增不減，就因為被無明遮蓋，本有的太陽光（智慧）不現前，被烏雲遮蓋了，而天昏地暗，於是分辨不清，以是為非，以非為是，認賊作子，顛倒妄想，故流浪生死，拔不出腿來。

二．參話頭

以毒攻毒，以妄制妄

參禪要參話頭。話頭，即是話語剛開頭，不是話尾。即是一念未生之前的一個預兆。最普遍的話頭，是「念佛是誰」這個「誰」字，要把它拉長來參，細玩其味，就像一把金剛鑽，要往心裏頭鑽出一個窟窿來。找到是誰便開悟，但這不能靠想像揣測，或在心意識上參，而是要細細探索到你從未到過，從未知道的領域上。一旦破本參，豁然開悟，虛空粉碎，五蘊皆空。

此即是《般若波羅蜜多心經》上所説的，「**觀自在菩薩，行深般若波羅蜜多時，照見五蘊皆空，度一切苦厄。舍利子！色不異空，空不異色，色即是空，空即是色。受想行識，亦復如是。**」

參到了這個境界，五蘊皆空，六塵不染，才是成佛的第一步，但必須要下一番苦功。又要知道，參禪不同拼命念佛，不是拼

命口念「念佛是誰？念佛是誰？念佛是誰？」好像叫救命似的。參話頭，是要慢條斯理，細心在自性上摸索。所謂「參悟」，參即是悟，悟必要參。其實「念佛是誰？」也是一個妄想，但這是以毒攻毒，以一妄制諸妄，以一念息萬念的法門。

不可一日著魔

參話頭是一個妄想，雜念是多個妄想。用以毒攻毒的辦法，所以用參話頭的妄想來控制多個妄想，慢慢將妄想一個一個消滅，不再起作用。這時，無論什麼境界來了，都不會迷惑，分析清楚，就不會走火入魔。古德說，「寧可千生不悟，不可一日著魔。」修禪定要謹慎小心，不可偏差，正大光明，不要給魔找機會。雜念是替魔開門，而參話頭即是驅魔的法寶。

一個話頭專心參究

參禪可以參「念佛是誰？」或「父母未生我前本來面目」或「什麼是不能沒有？」這幾個話頭，你們能專心一致參究，必能得到好處。

一念不生念茲在茲

「參」好像用錐子來錐木頭一樣，不透不停止，不可半途而廢，前功盡棄。參禪第一要忍耐，忍耐到最高峰，就能一念不生；一念不生，就能開悟。所謂「百尺竿頭，更進一步」，在百尺竿頭上，再向前邁進一步，這時，十方世界現全身。但是這個法門要念茲在茲才有效，不能放鬆，不能放逸。

參禪如貓捕鼠、龍養珠

參禪；這個「參」，就好像用這麼一個錐子錐窟窿似的，錐不透一定要錐，錐透了這叫破本參；把這窟窿錐透了，露出光明來了。在這個黑暗的屋子裏邊，窗戶門都沒有，就用這個錐子鑽窟窿，鑽出來一個窟窿，就透進來光明了。這就是你在一個愚癡人的時候，什麼也不明白，就等於在一個黑暗的屋子裏一樣，沒有窗戶也沒有門。你用這個參禪的功夫，參透了就透進光明來了，這是參禪。

又有一個比喻就像「如貓捕鼠」，像貓捉老鼠似的，在那兒看著，看著，瞪著眼睛看進那個老鼠洞，這麼看著，看著，老鼠一出來，上去一爪把這老鼠給叼住了，老鼠沒有法子跑了。什麼叫老鼠？就是你那個無明。你透出光明了，把老鼠給捉住了，這如貓捕鼠。

又有一個比喻，好像「龍養珠」似的。龍最放不下的就是那一粒珠。兩個龍搶那一粒珠子。這個龍珠比牠生命還寶貴，所以牠總要想方法保護這個珠子。參禪的人，也就這樣子，好像龍保養那個珠子一樣，念茲在茲，這就是觀自在。你若能觀自在，這就念茲在茲；你若不能觀自在，那就跑了！什麼叫跑了？就是打妄想。你一打妄想，就不自在了；你不打妄想，那個時候就是自在。

我現在再給你舉一個例子，像什麼呢？「如雞孵卵」，像雞抱小雞子那樣子的。雞抱小雞子就這麼想：「我在這兒啊，這小雞子到時候一定會出來的，一定會有一個小的小雞子現出來。」

你參禪也是這樣子，就像那個老母雞抱小雞子似的。你看，「喔！有一天我會開悟的。我用一天功，我自性就會現出一點光明；我天天用功，天天就會現出智慧光明來。總有一天我要和佛是一樣的，無二無別的。」你這麼參來參去，就像那個老母雞抱小雞子一樣的，你有一天就會成功啦！這是參禪。

參話頭是緊箍咒

坐禪要抓著小猴子，人心像野馬，意像猿猴；若不把他抓回來，他就時時到處跑，精神分散，將能源耗費。自性的能源很寶貴，若無緣無故被小猴子浪費了，很不值得。現在要令野馬不再不守規矩，令小猴子老老實實，要將心馬意猿猴管著他。如何管呢？要用金箍拴著牠，給牠念緊箍咒，如〈西遊記〉裏，唐僧一給孫悟空念上緊箍咒，猴子便老實了。

什麼是我們的緊箍咒？就是參話頭「念佛是誰？」想找找「誰」？小猴子便老實了。因為牠不知道是「誰」，故牠便專心致志去找，既能心平氣和注目凝神去找，牠就不到處跑。你若能抓著猴子，使牠老實了，你的功夫就差不多啦！

離了這個便是錯過

參禪，不是單單坐禪時才用功，而是行住坐臥都要用功，只不過坐禪期間更要專一。行，也參「念佛是誰」；住，也參「念佛是誰」；坐、臥，也是參「念佛是誰」。所謂「行住坐臥，不離這個。離了這個，便是錯過」。「這個」，是什麼呢？即是「念佛是誰」，要參這個話頭。

掃一切法離一切相

參禪這法門你若不認識，不明白，而像念佛號似的，以為念得越多越好，這是錯誤。不需要念得多，最好能拉長長聲，念幾個鐘頭也念不完，甚至參八萬大劫也不間斷，這才是真正參禪。為什麼要參「念佛是誰？」這「誰」字本來也是多餘，但因為我們人就像猴子，總要找事做，找東找西。若有個「誰」字擋著，那些妄想也就沒有了，這是以毒攻毒的法門，沒有妄想才是「時時勤拂拭」，參禪就是勤拂拭。為什麼要勤拂拭？勿使惹塵埃。這是「掃一切法，離一切相」的法門。

若沒有擇法眼，不認識真法，就不會參，不會參就是白費功夫。若不認識正法，就會跟邪法跑，故擇法眼是最重要的。

觀自在是天堂

參禪的「參」，就是觀。觀什麼？觀照般若。教你念茲在茲觀自在，不是觀他在。觀觀自己在不在？自己在，就能參禪打坐，用功修行；若是不在，在那兒打妄想，想入非非，那就身在禪堂，心跑到紐約去觀光，或是到意大利去旅行，到處去攀緣，所以就不自在了。

觀自在就是菩薩，觀不自在就是凡夫；觀自在是天堂，觀不自在是地獄。如果觀自在，心未跑出，才能行深般若波羅蜜。此身在參禪的時候，繼續不斷的參，綿綿密密的參，這才算是行深般若，找到智慧。得到大智慧，才能到達彼岸。

參禪的密訣就是朝也思，夕也思，思什麼？思這「念佛是誰？」今天也參，明天也參，天天在禪堂裏行深般若波羅蜜多時，不是在短期能嘗到禪的味道。要經過長時間才可以。有了行深般若波羅蜜多時的功夫，才能照見五蘊皆空。

得一萬事畢

參禪，秘訣在專一其心，所謂「天得一以清，地得一以寧，人得一以聖。萬物得一，各正性命」，故「一」為萬物之始，但還不是究竟法。雖云「得一萬事畢」，但若在這個一生出執著，便落二、落三，猶不是真空。什麼是真空？就是零。這個零，像個圓圈，是無大無小、非內非外、無始無終，不落於數，但所有數目都未曾離開它。修行，要從一修回到零。從這個零，能發生無量無邊的作用，雖云「得一萬事畢」；但到了這個零，連一事也無，這時，「一法不立，萬慮皆空」，是究竟解脫！

5 禪的境界

四禪的境界

參禪的過程好像讀書一樣，由小學進中學，進大學，進研究所，經過這四個階段才能獲得博士學位。參禪這個法門，亦復如是，分為四個步驟，也就是四禪的境界。簡略述之如下：

初禪名為離生喜樂地。就是離開眾生的關係，得到另外一種快樂。此非凡夫所得的快樂，而是在自性功夫裏邊。到初禪定中，呼吸停止；外邊呼吸停止，內邊呼吸活動起來，好像冬眠一樣的道理，不再贅言。這時，心清如水，明如鏡，照了自性的本體，而知道自己在打坐。

二禪名為定生喜樂地。這定中生出一種無比的快樂，所謂「禪悅為食，法喜充滿。」得到這種快樂，不知道飢餓，所以可以多日不食不飲，沒有關係但是不可執著。如一執著，前功盡棄，即入魔境，吾人不可不謹慎。二禪的境界，在定中不但呼吸停止，而且脈搏也停止。出定時，又恢復正常。

三禪名為離喜妙樂地，就是離開二禪之歡喜，得到妙不可言的快樂，覺得一切都是佛法，一切都是快樂。三禪的境界，在定中呼吸脈搏停止，意念也停止。這時候，不念善、不念惡，不念是、不念非，也就是一念不生，但不要認為了不起。這僅是一個過程而已，離生死還有十萬八千里。

四禪名為捨念清淨地。在此境界時連快樂的念也沒有了，已把它捨棄，而到達清淨無所作為的境界，也就是到了無為而無不為的地步。到了四禪，乃是參禪功夫所必經之路，沒有什麼不得了，不要誤認是證果。如果這樣想，就和無聞比丘犯同樣的錯誤，而墮地獄。

四禪的境界還是凡夫的地位，如果精進向前，證到五不還天的境界，才是證得聖人的地位。但此位尚未了生死，非得超出三界，才能了生脫死。這一點要弄清楚，不可混為一談。

證初果羅漢，不但在定中沒有妄念，就是在行住坐臥中沒有妄想，也沒有執著。到初果的境界，還有七番生死。並不是證到初果，就入涅槃，只是斷了三界八十八品見惑而已。到初果時，無論見到什麼境界也不動其心，所謂「對境無心」，只有道心，

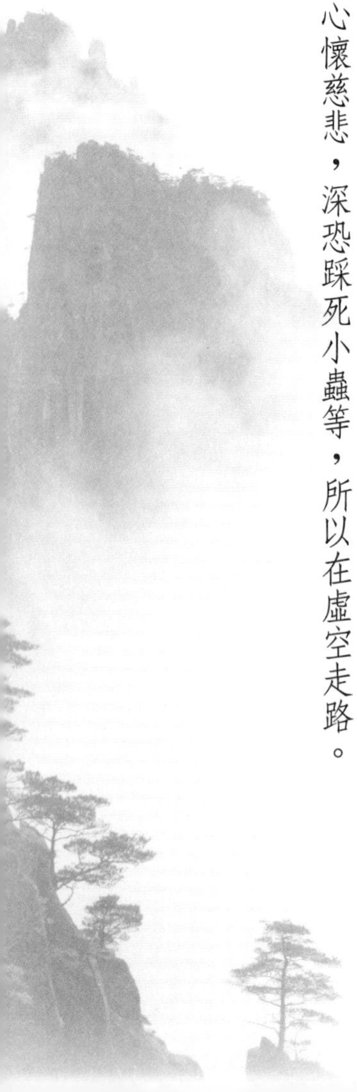

專一修禪。外邊境界如何莊嚴，如何美好，或者是美女，或者是俊男，也不動搖其心。這時候不貪財，不貪色，不貪名，不貪食，也不貪睡，一切無所謂。到這種境界，才可以說是證果。證初果的羅漢，走路沒有聲音，因為腳離開地面約有寸高。為什麼？證果人心懷慈悲，深恐踩死小蟲等，所以在虛空走路。

太虛合一豁然貫通

在禪堂裏用功修行，能修到上不知有天，中不知有人，下不知有地；天地人都沒有了，東西南北也忘了。這時候，一念不生，就全體現；全體大用，你都會得到。整天打妄想的話，功夫就不會相應，所以要用功到一念不生，行不知行，住不知住，坐不知坐，臥不知臥。行、住、坐、臥都不知道，這時候，所謂「終日吃飯，未吃一粒米；終日穿衣，未穿一縷紗。」這時的你，就和太虛合而為一，能和太虛合而為一，才能豁然貫通，忽然明白過來，這就是頓悟的境界。

頓悟是平時用功，用到相應才能豁然開悟；如果平時不用功，就不會有頓悟。好像小孩子出生之後，天天被薰習，到時候就會說話，他說第一句話的時候，好比開了悟。到時候就會走路，當他邁第一步的時候，也好像開了悟。他怎樣邁第一步呢？因為天天看大人走路，在這種環境薰習之下，自然而然地會走路。我們用功也是這樣，今天用功，明天用功，用來用去，功夫相應了，一念不生，沒有妄想，就會開悟。

這種開悟，或者是今生，天天用功修行，時時用功修行，等到功夫成熟時，便開悟了，這是今生用功開悟。這時，有人說，「我看見一個人，他根本沒有用功修行，可是他到禪堂不久就開悟了。這是什麼道理？」這種情形是特殊的。今生他雖然沒有用功修行，可是他在前生是用功修行；不但修行，而且還是時時刻刻在修行，不過，只差一點點沒有開悟，等到今生他遇到這種境界就開悟了。

頓悟雖然是即刻開悟。但是，仍須靠前生所栽培的善根。好像種田一樣，春天播種，夏天耕耘，秋天才能收穫。如果在春天不下種子，到秋天怎能收穀？所謂「一分耕耘，一分收穫」。我們修道人也是這樣，無論開悟或沒有開悟，都應該勇猛精進，努力向前，希望在最後一秒鐘得到收穫，認識本來面目。

坐禪不要求神通

坐禪不要求神通，或求什麼效果。首先要把身體收拾乾淨，沒有一切疾病。這樣，則任何邪氣都不能侵入你的範圍。你若能常有一股浩然正氣，頂天立地，就自然而然能生正知正見，而所行所作，皆不會不合理，這就是坐禪的好處。

你的心境能時刻波浪不起，無煩無惱，無是無非，無人無我，在這兒這樣的用功，這即為坐禪之效果。至於參禪的功效，你自己可以去體驗。你可以迴光返照，問問自己，「我是否還像坐禪之前那麼饞嘴？是否還是像以往那樣愛慕虛榮？有沒有把不正當的習氣毛病改了？若遇到不合理、不如意的事情，是不是還是生出煩惱？」假若答案是「是」，那麼，我可以告訴你，坐禪就沒有什麼進步。假若你能把以前的習氣毛病減輕了，在修行功夫上便有點好消息。

你可以自我檢討：（一）拿吃東西來說吧！假如你能夠將好的、不好的食物，一樣吃下去，饞食鬼就會被你攆跑了。

（二）做事：是否凡是對我有利益的事情，我就去做，對我沒有利益的事情我就不去做呢？我是否很懶惰、苟且偷安呢？若是這樣，你的禪定功夫沒有進步。若能改之，凡是對人有利益的事，我都願意去做，關注為眾人服務，對自己小範圍的事，卻不甚去注意。你若能如此，則可以把懶鬼攆跑。

（三）假若你能一天比一天精神，不是昏昏欲睡，這樣你就能把睡鬼攆跑了。

你能把饞鬼、懶鬼、睡鬼都攆跑了，這便是坐禪的初步功夫。這麼一來，你的精神、氣質必定與從前大有不同，大變活人，所謂「同一間廟，但不同一個神」。也可以說「同一間廟，但不同一個鬼」；從前是鬼王，現在是菩薩。或者你從前心腸很毒辣，但現在你發菩薩心腸。

魔力令你生退心

各位要知道！修道不是容易的事，你想修道就會有魔來。這種魔不是從一個地方來，而是從四面八方來的；有的是病魔，有的是煩惱魔，有的是天魔，有的是人魔，有的是鬼魔，有的是妖魔。魔是從你不認識的地方來的，令你道心不堅固，令你修行不進步，他們用種種方法來誘惑你，威脅你，令你生退轉心，令你無定力而退失道心。

境界是假是真

坐禪到了相當程度時，就會有魔來考驗你的道力如何，或者化現為美貌的男女來引誘你。你不動心便過關，如果動心就墮落，這是緊要的關頭，切記切記！「一失足成千古恨！」境界來考驗我們修道人，我們也要考驗境界是假是真。用什麼方法呢？這方法非常簡單，就是念「阿彌陀佛」，一心不亂、一念不生地念。是假的境界，便會慢慢消失了；是真的境界，越念便越清楚。

坐禪人不明白這個方法，有許多人走火入魔，喪失道業；又有許多人認為自己入了魔，而放棄開悟的機會。

修道就有魔

在我年輕的時候，聽人說，「修道就有魔。」我不相信，還驕慢地說，「什麼魔我都不怕，妖魔鬼怪我都不生恐懼心！」自己以為沒有什麼關係，哪知道，沒有多久魔果然來了。什麼魔呢？病魔。這場大病害得我七、八天人事不省，什麼也不知道。當時自己知道功夫不夠，所以經不起考驗；妖魔鬼怪、天魔外道我都不怕，就怕病魔，還是降伏不了，還是忍受不了。所以修道人，不能說自滿的話，說自己什麼都不怕。如果你自滿，麻煩就來了。

那麼修道人要怎樣呢？要用戰戰兢兢的心情來修道，如臨深淵，如履薄冰，時時刻刻要謹慎，要注意，提高警覺，這樣才可以修道。一言以蔽之，「少說話，多打坐。」這是修道的基本大法。

見事省事出世界

修道人的道業有所成就，是誰幫助的呢？就是魔來幫助的。好像一把利刀，是在石頭上磨利的；修道人開了智慧光，也就是魔來幫助你開的。這個魔，應該把他當做護法看，所謂「見事省事出世界，見事迷事墮沉淪。」

有定力不怕魔

你若能覺悟，對境能明白，這就是超出世界；你若不能覺悟，遇著事就迷了，就會墮入地獄。所以修道人不怕有魔，只怕沒有定力。魔是來幫助你，考驗你，來看你有沒有功夫？有沒有定力？你要是有功夫、有定力，無論什麼樣的魔，也不能動搖你。

不緊不慢才成功

坐禪用功不可太猛，也不可不猛；太猛就是太過，不猛就是不及。修道是修中道，也不太過，也不不及，所謂「緊了繃，慢了鬆，不緊不慢才成功。」天天這樣用功，時時這樣用功，也不緊，也不慢，久而久之，功夫就相應。相應之後，就得到不可思議的境界。得到之後，不可太歡喜；沒有得到，也不可太悲哀。

如果太歡喜，歡喜魔就來擾亂你的定力，令你一天到晚，嘻嘻哈哈，笑的不自然。問你笑什麼？不知道。不知道而笑，就是發狂，這是狂魔入體。如果憂愁過度，悲哀魔則來擾亂你的定力，令你一天到晚，哭哭啼啼，哭得不正常。問你哭什麼？便說，「眾生太苦啦！太可憐啦！我想度眾生。」你自己度不了自己，怎樣度眾生？這就是悲哀魔入體的現象。

不要被音聲所轉

我們坐禪時不要被音聲所轉，不要隨色相而轉。有人修行很久，有境界了，但執著境界，這是錯誤。應該「聽而不聞，視而不見」，不聞不見，才叫不被境界所轉。

不要有憎愛的心

一切法皆是佛法，哪有可以歡喜的？哪有不可以歡喜的？參禪要在這個地方用功。不要有憎愛的心，要用平常心去用功。好像一池春水沒有波浪，混雜的東西自然下沉於底，水就清淨。參禪亦復如是；沒有妄想，法身現出。

這幾句法很重要，希望大家按照這個道理去行，很快便會開智慧。所謂「說的是法，行的是道。」知法不去行道，那是無有是處。

任何境界如如不動

坐禪的時候有很多不同的境界，可以現出來。現出這個境界，無論是善的境界，是不善的境界，都不要太注意它。你太注意，就被這個境界轉；你不注意它，就轉這個境界。坐禪的人有的時候覺得自己猶如虛空那麼大；有的時候覺得自己比一粒微塵還小；有的時候覺得自己這個身根本就沒有了，不知道到什麼地方去了；有的時候又覺得自己身上很冷的，凍得忍不住；有的時候又覺得，自己這個身體熱得也受不了；有的時候又覺得有一種境界，覺得自己這個身體比金剛更硬更堅固；有的時候又覺得自己這個身體軟如棉花，好像棉花這樣軟；有的時候，全身有一種動力好像電推動機器一樣；有的時候又覺得大放光明：總而言之這個境界是無窮無盡的，不過也不要著到這個境界上。你要著到這個境界上就會走火入魔；你不著這個境界上它就沒有事。在《楞嚴經》上說，任何境界你要是不作善的解釋，像沒有事情似的，那沒有關係；你要是認為自己這個不得了了，有一個什麼好的境界

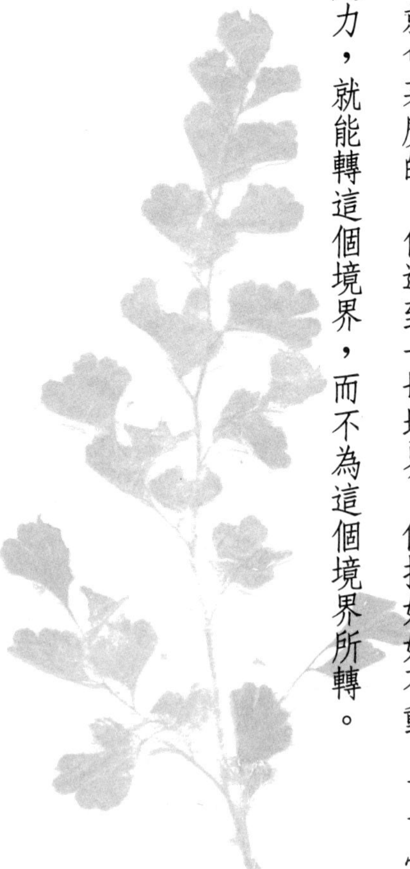

，這就會著魔的。你遇到一切境界，保持如如不動，了了常明這種定力，就能轉這個境界，而不為這個境界所轉。

6 禪的公案

虛空打破明心地

金塔與銀塔的故事

修道的人，只要能坐跏趺坐，就能生出戒力，生出定力，生出慧力。你能結跏趺坐，所有的金剛護法都來保護著你，所有的魔王他都要遠避，所有的一切餓鬼就要向你叩頭。

這裏有一個公案。在中國，死人或者有什麼事情就要請和尚去念經，這叫趕經懺，經懺僧。有一個給人念經來維持自己生活的一個法師，有一次就去給人念經。念經多數都是晚間念經，他念完了經回來大約晚間有十二點鐘的樣子，經過一個村莊。這個村莊養了狗，這狗就咬他就吠他。這家庭裏就夫婦兩人，那個太太就說：「你看一看，是什麼，是不是有賊來要偷東西？」她的丈夫就在窗户向外一看，說：「嘿！誰？那個趕經懺的鬼！這個經懺鬼！」這個念經的法師：「啊！他們怎麼叫我經懺鬼呢？」本來他是念經的一個法師，他們叫他趕經懺的鬼。於是他就往前走，想回自己的廟，天就下起雨來了，正遇著有一個橋。

他就走到這橋底下來避雨，就在那打坐。一開始他就結上雙跏趺坐那麼坐著，這一結雙跏趺坐，從這個水邊上就來了兩個鬼，這鬼，樣子很難看的、很醜陋。人一看見鬼就生一種恐懼心，但是他因為在打坐，他看見這兩個鬼來了，他也就不害怕。因為他超度鬼，常常心裏頭都有這麼個鬼，於是真見到鬼他也不怕，他還在那兒打坐。

這兩個鬼就向他叩頭，叩叩頭。這大約過了有二十分鐘，或者半點鐘，他腿痛起來，受不了了，雙跏趺坐就改成單跏趺坐。他就聽這兩個鬼互相談起話來了，說：「嘿！方才我們拜是拜的一個金塔，現在怎麼變成銀塔了？」因為這塔裏邊都有佛的舍利，或者佛的真身，所以鬼遇著塔，他就要叩頭禮拜的。那麼變成銀塔了，那個鬼就說：「銀塔裏邊也有佛的舍利，我們還是照常拜啦！」兩個又給他來叩頭。頭先是金塔，現在變成銀塔了。

這單跏趺坐了一個時期，腿又痛得受不了了，大約半點鐘的時候，他受不了。雨也沒有停，若雨停了，他就不打坐就走了。現在他單跏趺也不坐了，就把腿隨便這麼伸一伸，或者搖搖幌幌的。這兩個鬼叩頭起身一看，說：「哦！這也不是金塔，也不是銀塔，變成泥巴了；變成泥了，我們打碎了它，把這泥巴給打碎了它！」正在這兩個鬼要打他的時候，他聽這兩個鬼要打他，他自己又結上雙跏趺坐了。這兩個鬼一看，又變成金塔了，說：「哦！這真是不可思議的境界！我們快拜。」又向這個塔來叩頭。然後他自己就想了：「哦！結雙跏趺坐就是金塔，結單跏趺坐就是銀塔，不坐就變成泥巴」。所謂泥巴，就是變成一個人，鬼就叫他泥巴。這個很奇怪的，由此之後，他就發了菩提心了，以後也不去趕經懺，不去給人念經去了，就自己在廟上天天打坐，結雙跏趺坐，坐來坐去，他開了悟了。他一想，我這個開悟，是因為鬼幫助我開悟的；如果我不遇到兩個鬼，我沒有今日，不會開悟的。於是，自己取名字就叫「鬼逼禪師」，鬼把他逼迫得修道了。

不死之法

禪宗有偈云：「萬法歸一一歸合，神光不明趕達摩，熊耳山前跪九載，只求一點躲閻羅。」這個公案證明求法不是件容易事，要有為法忘軀的精神才能得到正道。

菩提達摩從廣州登陸（他從印度乘船來到中國），便到金陵（南京），經過神光法師講經的地方，進去問神光：「你在這裏做什麼？」神光說：「我在講經。」達摩又問：「講經做什麼？

」神光說：「為了生死。」達摩說：「法本來不可說，無法可說。你講的黑是字、白是紙，怎能了生死？」神光一聽，大怒說：「你這個麼羅剎！敢來謗佛謗法謗僧，豈有此理！」說完之後，便用鐵念珠朝達摩祖師的面上猛力打去！達摩在沒有防備的情形下，被打掉兩顆門牙。達摩祖師一想，如果把牙吐在地上，那麼這地方要大旱三年（因為證果聖人的牙落地，諸天降罪，此處人會受到不下雨的懲罰）。達摩不忍心令這地方的人受荒旱之苦，乃將兩顆牙吞到肚中。所謂，「打落門牙和血吞」，留下這個典故。

達摩修忍辱波羅蜜，一言不發走出神光講經處，過長江向河南嵩山而去。這時，無常鬼奉閻羅王之命，來請神光去參加他們的宴會，便對神光說：「你是神光嗎？」神光說：「是的。」無常鬼說：「閻羅王請你去飲茶。」神光一聽，便說：「我講經時，天華亂墜，地湧金蓮，我還要死嗎？」無常鬼說：「你當然要死啦！」神光問：「誰能不死？」無常鬼告訴他：「只有剛才被你打掉兩顆門牙那位黑和尚，他才能不死。」神光向無常鬼懇求說：「無常居士，請你慈悲，行個方便，我去跟那位黑和尚學不死之法，可以嗎？」無常鬼允許他的要求。神光乃日夜向北方追趕達摩，最後追到熊耳山，見達摩在山洞中面壁入定，乃向達摩頂禮懺悔，跪了九年，才得不死之法，成為禪宗二祖。

開悟要印證才算數

在威音王佛前人人能開悟，不需要有人印證，在威音王佛以後，自覺開悟的人一定要經過祖師或善知識（已開悟）印可證明才算數。好像在楞嚴法會上，有二十五位聖人，自述圓通，請釋迦牟尼佛印證。

現在講一則印證的公案。在唐朝有位永嘉大師，他生於浙江省永嘉縣。因為他一生沒有離開永嘉縣，所以時人稱為永嘉大師。他出家後研究天臺教理，好修禪觀，曾閱《維摩經》，豁然大悟。後來遇到玄策禪師（六祖的弟子）敘述此事，玄策建議他去曹溪參六祖，請印證；否則無師自悟，乃是天然外道。

他來到曹溪南華寺的時候，恰巧是六祖坐禪時間。他貢高我慢，來到六祖禪床前，也不問訊也不頂禮，手執錫杖右繞禪床三匝，振杖而立。

六祖說：「沙門應具三千威儀，八萬細行。行行無虧，名為沙門（譯為勤息。勤修戒定慧，息滅貪瞋癡）。大德從何方而來？生大我慢。」永嘉答：「生死事大，無常迅速。」六祖說：「何不體無生？達了無速乎？」永嘉答：「體本無生，達即無速。」六祖說：「子甚得無生之意。」永嘉說：「無生豈有意耶？」六祖說：「無意誰能分別？」永嘉說：「分別亦非意！」六祖說：「如是如是。」乃授與印可證明，成為六祖的法嗣。

永嘉大師得六祖大師印證之後，即刻要回永嘉開元寺。六祖留他住一宿，次日再下山回永嘉，因為在一宿的時間便覺悟佛法的真諦，所以時人稱「一宿覺和尚」。後來他極力宣揚頓悟的禪風，特作（證道歌）五十多首，説明頓悟的境界。這是不朽的佳作，成為佛門必讀的功課。

參禪能控制生死

在北宋末年，中國有位民族英雄名叫岳飛，他幼年喪父，母親很賢慧，母子二人相依為命。幼年時，他母親教他識字、練字；家貧無錢買筆紙等，在沙子上練字，成為書法家。青年投軍，他母親在他背上刺「精忠報國」四個字。他時時不忘救國家民族的大志願。

此時金人侵宋佔領汴京（開封），執徽欽二帝北去，康王構在杭州建國，成為南宋，稱宋高宗，用秦檜為相，當時文人主和，武人主戰。岳飛大破金兵於朱仙鎮（離汴京很近），有直搗黃龍（吉林農安）的壯志，不幸被秦檜嫉妒（主和派），用十二道假金牌召回京城。岳飛有「忠君愛國」的思想，班師回京。過長江時，經過江中金山寺，乃去拜訪道悦禪師。道悦和尚勸他不要回京城去，在金山寺（鎮江）出家修行，可以免是非。岳飛將生死置於度外，認為軍人的天職就是服從命令，沒有「將在外，君命有所不受」的思想，所以拒絕道悦和尚一番盛意。

臨行時，道悦和尚作一首偈頌：「歲底不足，謹防天哭，奉下兩點，將人害毒。」岳飛回杭州，秦檜用「莫須有」三字使岳飛父子下獄；臨刑時才悟道悦和尚的偈頌大意。那年的十二月二十九日過年，同時降大雨，岳飛在獄中聽到雨聲，知道大難臨頭，想起道悦和尚的讖言終於應驗了。奉下兩點，就是「秦」字。果然被斬於風波亭。

秦檜問監斬人：「岳飛臨刑時，說些什麼話？」監斬人說：「只聽他說，不聽金山寺道悦和尚的話，所以有今天的下場。」

秦檜一聽大怒，派何立去金山寺，捉拿道悅和尚。道悅禪師在頭一天於定中曉得這段因緣，乃留下一個偈語：「何立自南來，我往西方走，不是法力大，幾乎落他手。」寫完之後，即刻圓寂。

第二天，何立來到金山寺，老禪師已經圓寂，無可奈何，回去交差。這證明坐禪的功夫到了極點，便可控制生死，願意何時往生就何時往生，操縱在自己的手中，是很自然的現象。

古時禪師，都有這種功夫。生死自如，遂心如意。在唐朝有位禪師，名叫鄧隱峰，可以倒立而圓寂；近代金山活佛可以站立而圓寂，這都是由禪定的功夫，來去自由，不受一切的限制。

溈山老人不動心

唐朝的溈山老人，在湖南溈山修道，得到靜坐一須臾之定力。他將金銀財寶，親戚朋友，及一切五欲皆置之度外。溈山老人雖不求名利，但時間久了人人皆知，遂有很多人上山供養親近他，以求福求慧。這個好名譽傳到當時的裴休丞相也曉得了，於是也上山拜謁。見到山上只有一所簡陋茅蓬，連床也無，只有蒲團一個，老人常常坐在上面，人來他也不動，人走了他也不管，也不迎賓，也不送客。

裴休又想：「這一位老修行連廟也無。我現在有的是錢，不如供養他蓋廟吧！」於是命隨從拿出三百兩銀子，但溈山老人也不接受，也不拒絕。在茅蓬裏頭有一堆草，裴休乃把銀子置於草堆中而去。當時的三百兩銀，相當於現在的三百萬元。

事隔三年裴休想：「廟大概建好了，去看看吧！」上了山，發覺還是破茅蓬一間，什麼廟也沒有造。裴休便打了一個妄想：「人給他錢，他也不造廟，仍然現出貧苦相來，不知把錢拿到哪裏呢？」於是問溈山老人：「禪師！我給你造廟的銀子，你放在什麼地方去啊？」

溈山老人云：「你從前放到什麼地方，就到什麼地方去找。」裴休走到草堆裏看，發覺銀子原封不動仍在那裏。裴休又打了一個妄想：「這位老修行真是懶得要命，給他錢他也不會用。為什麼愈修愈愚癡呢？」這時溈山老人告訴他：「你既然以為我不會用錢，你還是拿回去做旁的用好了。我不想造有形相的廟。」

裴休始知這位禪師有來歷，乃發心為他建廟；雖然造了廟，

但不知培養自心智慧，不如溈山老人在裏頭造智慧廟。人能夠不動妄念，不打五欲妄想，這才是真修道。坐禪人應該學習溈山老人，對著銀子不動心。

老僧一打坐，能消萬兩金

溈山老人曾說過：「老僧一打坐，能消萬兩金。」唐裴休丞相雖然知道出家是好，但自己身為丞相不能出家，遂造了一間大廟，能安二千多僧人同時辦道。當時有很多出家人，聽說湖南溈山建了新道場，紛至沓來參學親近溈山老人，天天坐禪習定，講演戒律。

裴休看自己出家無分，乃送兒子到廟上出家。這位兒子是翰林學士，即是國立最高學院的畢業生。溈山老人見到這位翰林出家，命名為法海，叫去挑水。當時常住有數千人，這分工作也不輕鬆。那時沒有自來水，要從井裏挑水，從早到晚無一刻閒暇。

法海一早三點起來，大眾去做早課，他就已經開始挑水。如是挑水挑了幾年，沒做過旁的工作，甚至誦經打坐都未參加。以一位翰林的身分為大眾挑水，本來好像受委曲，但法海也不抱怨，儘量去做。

有一天，他碰巧有一點空閒，他從來不知道出家人究竟做什麼功課，於是趁機會溜到禪堂，偷偷往裏看。一看，在禪堂裏有些出家人是端然正坐；有一些則頭低低正在睡覺打呼；另有一些則睜著眼睛東張西望。法海自忖：「我天天挑水，做得很疲倦，你們原來坐著睡覺，或睜大眼睛到處看。你們這些出家人，怎值得我供養呢！」於是心裏遂抱怨。

法海這樣想，雖然沒說出口，但溈山老人已知道了，把他召入方丈室，說：「你在本寺住了幾年，現在抱怨，謂出家人不夠資格接受你的供養。現在山上不留你住，你收拾行裝好了，廟上遷你單啦！」

法海既被寺攆走，便向其師父，靈祐禪師告假：「師父，我也沒有錢，應該到哪裏去呢？」靈祐禪師就給他八個半錢，告之：「你願意到哪處都可以，總之，把八個半錢用完後則止；若未用完則不要停留。」當時八個半錢，相等於現在的八十五塊錢，也不是很多。

法海一路上也不敢用錢，沿途托缽乞食從湖南走到江蘇，後來經過鎮江，看見長江上有一小島，島上有山。法海欲往觀山，搖手把船夫叫來，問他要多少錢。船夫也不要多，也不要少，偏偏要八個半錢！法海到了那山上，發覺山不高，很幽靜，於是住下來。後來在山上找到一個洞，洞裏有幾缸金子，故將山名改為「金山」，拿了金子造廟，仍舊專心禪宗。

從當時到現在，金山的道風特別好，歷代祖師輩出。中國有名的白蛇傳，記載法海方丈的故事，就是這一位。他當時還未受具足戒，仍是沙彌，但他已經是一位開山祖師。

溈山老人的名言：「老僧一打坐，能消萬兩金」，這是對法海而說的。法海妄想出家人不夠資格受他供養，其實不然。

為什麼？因為人若能靜坐，靜極光通達。又云「若人靜坐一須臾，勝造恆沙七寶塔」，所以萬兩黃金也消得，因此，我們坐禪人不要把習禪看輕。學佛人欲成佛，必要參禪打坐；要用功，不怕腿痛腰痠，才有成就。故古人云「不受一番寒徹骨，怎得梅花撲鼻香。」

不要執著境界

用功時，地、水、火、風，都可以入定，也可以入空定，又可以入非非想定。在定中不要執著境界，不要生起無明煩惱，否則，障礙開悟的良機。現在我講個公案，來作為借鏡。

從前有個老修行，欲生到非非想處天去（無色界最高天），故修非非想處定。他在海邊修定，將要入非非想處定時，魚在海邊嬉水，弄得潺潺的水聲，使老修行無法入定。他睜開眼睛魚立即游到別處。他繼續打坐，快到入定時魚又游來了，如是者多次使老修行感到不勝煩擾，遂生出瞋恨心，想：「我最好能變成一隻鷹，把水中的魚吃掉！」他生出這種瞋恨心嚇得魚也不敢來了，老修行終於證入非非想處定，而生非非想處天去，享受八萬大劫的天福。

他曾經生瞋恨心，欲變為鷹，把魚吃掉，等他天福享盡時墮落於畜牲道，身為魚鷹天天吃魚。等到釋迦牟尼佛成佛後為他說法，才脫離鷹身轉生為人，隨佛修道後證阿羅漢果。所以修道人不可以隨意生瞋恨心，打妄想必會受果報。

《楞嚴經》中有一位尊者，名叫月光童子專修水定，觀想水而入水光定，他的身體也變成水。一次，月光童子尊者正入水光定時，他的小徒弟欲謁見師父，於是到他的房間去，只見屋中有一灘水。頑皮的小徒弟便拿起一塊小石頭，投入室內的水裏去。月光童子尊者出定後，感覺肚裏不舒服，觀察自己肚裏有一塊小石頭，乃叫小徒弟來查詢原因。得知小徒弟在他入定時，投入石頭於水中，便吩咐小徒弟等他再入定時，到室內把水中石頭取出。從此可見修行者，只要專心致志的修行，必得成就。修行要專一則靈，若有堅固懇切的心，必能與法相應。

參禪——難耶！易耶！

「難！難！難！十擔芝麻樹上攤。」這是龐公說的話。他覺得用功是很不容易的，不是腰痛就是腿痠，種種疾病纏擾，所以不易打成一片，很困難的才能有點進步，然而一旦稍為放逸，就前功盡棄。所以他說，「難！難！難！十擔芝麻樹上攤。」然而，到底難到甚麼程度呢？就如拿十擔芝麻攤在樹上一樣。十擔芝麻不是小數目，而將之攤在樹上不掉下來，是很不容易做到的。

他有個親戚聞此便說，「既然這樣難，那就無法修行了？」

但是龐婆卻說「易！易！易！百草頭上西來意。」很容易的，所有的一切山河大地、花草樹木，皆是祖師西來大意。所以說很容易的，有何困難呢？

這時有人問其女，覺得修行用功如何？龐女說：「也不難！也不易！饑來食，睏而眠。」這三個人所說的都不同，可是根本道理是一樣的。

龐公、龐婆、龐女是同一家庭的人，但其所見不同。現在各方面來打七的人皆有，亦各有各見地，唯應少講話，好好用功才是。

不來亦不去

我在中國東北時有一位同參道友，他本來是一個打家劫舍的土匪。有一次，搶劫人家的財寶被打傷胳臂，受傷半年多也不痊癒。此時他生懺悔心，覺悟前非，改惡向善，於是發願，「如果我的傷在一個星期內復原，我便到父母墓前守孝。」一個星期後他的傷果然復原了，他便遵守願力的諾言，到父母墓前守孝三年。因為他能改過自新，所以他的師父為他取名為尤孝子。

尤孝子在未守孝以前，拜宗一法師為師。這位法師很有德行，得人景仰，也有神通。尤孝子開始學習打坐用功，魔障化為火龍緊纏在他的腰間，燒得他又赤又痛。在他被魔擾之際，他師父立刻把火龍降伏，火龍皈依其座下，並為尤孝子當護法。

尤孝子守孝有兩年半的時候，遇著雨災淹沒禾田，莊稼失收。尤孝子即發願：「若三天內天晴，便割自身之肉祭天。」果然天從人願，不到三天，天已轉晴，尤孝子便割肉祭天。附近居民及縣官，聞說尤孝子割肉祭天的消息，紛紛而至，讚歎不已。

此時有隻小鳥飛來叫著，「多作德！多作德！作德多好！」這隻小鳥陪伴尤孝子有三週左右才飛走。這種境界真是不可思議呀！

尤孝子守墓三年圓滿，便在當地道德會講道理，教化眾生行菩薩道。尤孝子二十一歲時，發心為父母守孝。當時我十多歲，同時也在母墳廬墓，所以互相慕名。

有一天，剛巧我們相遇，互相默視良久，尤孝子問：「你是誰呢？」我答：「你大概知道你是誰，但我卻不知道我是誰。」

尤孝子又問：「你從哪裏來？」我答：「我從來的地方來。」我反問他：「你到哪裏去？」他只答：「沒有什麼地方去。」尤孝子可給我問倒了。

沒有地方來，也沒有地方去，乃不來不去；不來不去，也來也去，來是從來的地方來，去亦從去的地方去。佛十號之一是如來，《金剛經》云：「**如來者，無所從來，亦無所去，故名如來。**」

三車祖師

坐禪主要目的乃消除以往惡業，恢復本有智慧，成就善業，所以坐禪必須有忍耐力，就是不怕苦。古人坐禪，一坐就坐了幾千年。講一個公案，作為參考。

唐朝玄奘法師去印度取經時，於途中見一位老修行在打坐，小鳥在他頭上築巢，衣服都已破，玄奘法師用引磬為老修行開靜。老修行問：「你從何處來？」玄奘法師答：「我從唐朝來，現在去印度取經。你在這裏做什麼呢？」老修行說：「我在等待釋迦牟尼佛出世，幫助佛弘揚佛法。」玄奘法師說：「怎麼你還在等佛出世，釋迦牟尼佛已入涅槃一千多年了。」老修行說：「真的嗎？既然這樣，我只好等當來下生彌勒尊佛降世吧！」

老修行準備再入定，玄奘法師對他說：「我有事跟你商量。」老修行回答：「你不要再打我閒岔，我不要管閒事。」玄奘法師說：「這不是我私人的事情，雖然釋迦牟尼佛入涅槃，但佛法仍然住世，我要你幫助弘揚佛法，續佛慧命。你現在到大唐國去等候我取經回來，一同弘揚佛法。你從這裏向東行，托生到有黃琉璃瓦的人家去吧！」

唐玄奘法師，於出發往印度取經之前，曾對唐太宗預言：「松樹的樹枝，現在朝向西方長，等朝向東方時我便取經回來。」有一天，唐太宗看見所有的樹枝都朝向東方長，便知玄奘法師將要回國。玄奘法師回到長安時，太宗率領文武百官到西門歡迎，儀式非常隆重，可說車水馬龍萬人空巷。玄奘法師見到唐太宗，便立刻對太宗說：「恭喜陛下，添了一位皇子。」太宗說：「我沒有多添兒子，仍然只有一個太子。」

玄奘法師立刻觀察究竟怎樣一回事？原來他叫老修行托生到皇宮，老修行走錯門，跑到尉遲敬宗家中，作為尉遲公的侄兒（出家法名為窺基）。玄奘法師乃令尉遲公的侄兒出家，但被他拒絕，於是要求唐太宗下詔書命令他出家，並且對唐太宗說：「只要他出家，無論要求什麼條件，皆可答應。」唐太宗即時下聖旨命令尉遲公侄兒出家。他奉旨出家便向皇帝要求三個條件：「第一個條件，本來佛教不允許喝酒，可是我不願戒酒，我希望不管到哪裏，要有一車酒跟著我。」皇帝知道佛教五戒中有一戒不飲酒，但玄奘法師曾說，他有任何條件的要求，都要答應。於是皇帝准許第一個要求。「第二個條件，我生在武將之家，習慣吃肉，以後每天要有新鮮肉供我吃。」本來出家人不吃肉，但玄奘法師聲明在先，請皇上答應他所提出的任何條件，於是唐太宗答應他第二個要求。「第三個條件，我有生以來，便喜歡美女，不論到哪裏也要有一車美女陪同。」唐太宗滿他的願，答應他第三個要求。

尉遲公侄兒出家時，朝廷文武百官送他到長安大興善寺出家。是日，寺中鐘鼓齊鳴，他聽到鐘鼓聲，頓然開悟，記起他原來是老修行，為了幫助玄奘法師弘揚佛法而來的。自證得宿命通後他便放棄醇酒、鮮肉、美女三車，所以窺基祖師（法相宗第二祖）又名三車祖師。

這位祖師可以目下十行字，耳聽百人聲。窺基祖師幫助玄奘法師翻譯法相宗諸論，功不可沒，有「百論疏主」之稱。

老修行一坐就坐幾千年，而我們每天只不過坐二十一小時，根本算不了一回事。所以凡事也要視作等閒，無所執著，忍苦忍痛，忍一時之痛，才能得到永遠的快樂。各人要勇猛精進，努力修行，一切的障礙，都必定迎刃而解。

生死要置之度外

在從前有一位老修行很用功的，用功用得有一點成就了，這個境界就來考驗他了，看他定力怎麼樣。什麼境界呢？他每逢一打坐，坐著將要入定的時候，他這個境界就來了，在他頭上有一塊大石頭，用一條繩子在那吊著，如果這個繩子一斷，就會把他砸成一個肉餅子。那麼他知道這是個境界，就不管它，每一天都是，這樣子這大石頭在他頭上，他就豁著很小心不敢睡覺，也不能入定。

那麼過了幾天，這境界又變化了。在這個石頭上面那繩子上又來一個老鼠，這老鼠就在咬這個繩子。這繩子本來就很細的，吊著這個石頭就很危險，再有一個老鼠在這咬，那更危險，於是乎這老修行，再也不敢在那打坐了。

其實這種境界都是一種幻化的境界，修道的人遇到什麼境界，都不要管他，你要把生死置之度外。活就活，死就死，我寧可因為修道死，也不願不修道而生。你要能把死都不怕了，都放下了，你一定會開悟的。那麼他就怕死，所以就不敢打坐，不敢打坐，他功夫也就沒有進步了，也就沒有什麼成就了，所以說「差之絲毫就謬之千里。」我們修道無論遇到什麼境界，都要很有定力不要管它，就會有一點成就，就會打破這個難關；你把這個難關打破了，就會得一點好消息。

7 禪的問答

虛空打破明心地

問：打坐時心裏應觀想什麼？

上人：沒有一定的地方。應無所住而生其心，要有一個地方就在這住了。無所住，不思善，不思惡，就在這個地方用功夫。注意一個地方，想好和不好，那都是執著。修行就是要無所執著，什麼執著都沒有了，把自己這身體都忘了！你身體都沒有了還有一個什麼執著。

問：入定和睡覺有什麼不同？

上人：簡而言之，入定的姿勢，仍然端坐，背直如筆，實正不偏，或者呼吸停止，或者脈搏停止，望之，好像活死人，但有知覺。可以坐一天不動，十天不動，甚至一個月不動。睡覺的姿勢，頭歪身斜而不自主，氣出氣入，呼呼有聲，甚至鼻息如雷，不同之處，就在這個地方。

問：學佛法何以要打坐？

上人：就是要學習我們自性中無量的經典，無量的智慧。人性中本有無量法門，人卻捨本逐末，向外馳求，不知迴光返照。

問：念佛、打坐時身體會晃動，感覺喘不過氣來，為什麼？

上人：走火入魔了。

問：坐早晚課的時候，一邊做，一邊念觀世音菩薩，身體就自然的左右或前後擺動，請問像這樣在家可不可打坐？

上人：身體晃來晃去，有這個現象最容易有飛精附人的危險。

問：你們的打坐方法與蘇美度法師所教的打坐方法，有沒有什麼不同？如果有，是怎樣不同呢？

上人：「歸元無二路，方便有多門。」這也就好像你有你的面孔，我有我的面孔，他有他的面孔；面孔雖是彼此不同的，但是都是人，心都是一樣的。你不能叫每個人樣樣都一樣，這是一樣的道理。

問：坐禪基本的方法是什麼？

上人：基本的方法，第一不貪，第二不瞋，第三不愚癡。

問：下一步如何來靜坐呢？

上人：當然，靜坐首先的功夫就要清心寡欲。清心就是沒有妄想；寡欲就是沒有那麼多的情情愛愛。

問：金山寺教坐禪的方法，請稍微講一下入門。

上人：你到金山寺就知道了，入門先要鍛鍊結雙跏趺坐。水果和尚那個腿也是這樣子坐的，這叫金剛坐，這個坐能降魔。

問：那麼超覺靜坐這種方式到底好不好？現在世界各國都很流行呢！

上人：這是為那些無法結雙跏趺坐的人想出的一種別開生面之方法。其實想靜坐必先學結跏趺坐。不練習結跏趺坐，不下一點功夫，便說得道了，這是不可能的。

問：當人靜坐的時候，有時候在腦海之中，出現一般人所謂的幻想，你是否可以解釋一下，靜坐時出現的現象。

上人：這些現象都是虛幻不實的，你所看見的都是《楞嚴經》裡的五十種變化，你要把這個當做成就，這是很可憐的。

問：禪坐時，見到一些境界，想知道真境與識心作用之別？

上人：存有妄想貪念要見佛、見花，這是假的，想見什麼便見什麼，亦是假的。主要在一念未生前所見境界才是真的，才有點意思，但有時還屬幻化。參禪最好不要有境界，什麼都沒有，只是空，不要驚，不要喜，驚喜都會著魔，如《楞嚴經》所列之五十種陰魔。

問：為什麼有人一開始參加打坐就著魔呢？

上人：這是過去世的冤親債主障道所致，要多做功德迴向。

問：打坐參禪是一回事？還是兩回事呢？

上人：打坐及參禪雖名詞不同，意思則一。參禪就是要真明白，不再糊塗了。

問：怎麼樣才不會在打坐時著魔呢？

上人：天天懺悔，多念佛，做早晚課，打坐之前要念楞嚴咒。

問：坐禪痛了怎麼辦？

上人：痛，你要知道，越痛越好，你若不過這個關，它什麼時候都痛，你不要儘聽它的話，你要它聽你的話，你要做得主。你要知道四大假合這個身體不是什麼真的，一點關係都沒有，我若死了到地獄裡，火山地獄用火來燒比這更痛啊！那我又怎麼辦？我現在可以做得主，痛一點叫它痛，它氣血通了就不痛了。

問：你說當一個人打坐時，我們要忍下感受，所以我感到奇怪，我們可否發洩出感受呢？或許該把它收在這裡邊？有時候我把它放在裡邊，但是之後我發覺我要爆炸了，我該怎麼辦呢？

上人：忍受是要空了它，要沒有了，不是藏在裡邊，你藏在裡邊作什麼用？你裝這些垃圾幹什麼？要忘了它！憋在裡邊比最邋遢的東西更邋遢。原子彈的威力大，它比原子彈威力大。如果你不怕粉身碎骨，那你把它藏起來。可怕！可怕。

問：禪坐的主要目的是什麼？

上人：禪坐的利益是多方面的。不論你是在讀書工作或整理家務，每日的禪坐能增加你的集中力及減少生活壓力和增進身體健康。如果你想啓發真正的智慧和解脫，就更應該養成習慣，持之以恆，才能真正達到所謂了生脱死。

虛空打破明心地

8 禪偈與禪機

虛空打破明心地

禪定要訣頌

天真活潑思無邪　降心離相是要訣
大地消沉泯對待　虛空粉碎了分別
靈光獨耀照法界　智珠在抱養牟尼
不垢不淨不來去　脈息念住狂性歇

一九八四年二月廿一日．萬佛聖城

天空地闊

萬籟無聲　諸緣頓息　天空地闊　法界一體

何來何去　無此無彼　其中妙諦　識者自取

一九五六年十二月廿七日

須彌推倒

須彌推倒障礙除　性海澄清波浪無
徹悟本來真面目　般若常明萬法如

開禪七偈

一九七一年十二月五日・金山禪寺

共學無為

十方善士同聚會
一心來此學無為
這裏即是選佛場
誰若徹悟及第歸

開禪七偈
一九六九年十二月・佛教講堂

大地回春

大地回春百物生　粉碎虛空自在翁
從此不落人我相　法界雖大盡包容

開九十八日禪七偈
一九七〇年十月十五日・佛教講堂

宣化坐禪圖

思惟靜慮即禪那　摩訶般若菩提芽
栽培灌溉勤精進　悟無生忍赴龍華

丙辰年丙辰月（一九七六年）

吹無孔笛

天翻地覆打禪七　摘星換月也無奇
無影山前回頭看　真人常吹無孔笛

無喜無憂

開悟莫歡喜　未覺亦勿愁
繼續更努力　與汝把手遊

結禪七偈
一九七三年二月十八日・金山禪寺

播金剛種

昔播金剛種　今萌菩提芽
即悟正覺果　直抵法王家

開禪七偈
一九七〇年九月十二日・佛教講堂

提起放下

提得起　放得下　念佛是誰哈哈哈
放得下　提得起　誰是佛念嘻嘻嘻
不是你　不是我　你我之間人太多
也是你　也是我　須彌打倒誰也沒

開禪七偈

一九七二年三月十一日・金山禪寺

法界佛教總會・萬佛聖城

Dharma Realm Buddhist Association
City of Ten Thousand Buddhas
4951 Bodhi Way, Ukiah, CA 95482
Tel: (707) 462-0939 Fax: (707) 462-0949
Home Page: http:\\www.drba.org

國際譯經學院 International Translation Institute
1777 Murchison Drive,
Burlingame, CA 94010
Tel: (650) 692-5912 Fax: (650) 692-5056

法界宗教研究院（柏克萊寺）
Institute for World Religions
(Berkeley Buddhist Monastery)
2304 McKinley Avenue,
Berkeley, CA 94703
Tel: (510) 848-3440 Fax: (510) 548-4551

金山聖寺
Gold Mountain Monastery
800 Sacramento Street,
San Francisco, CA 94108
Tel: (415) 421-6117 Fax: (415) 788-6001

金聖寺

Gold Sage Monastery

11455 Clayton Road,

San Jose, CA 95127-5099

Tel: (408) 923-7243 Fax: (408) 923-1064

法界聖城

City of The Dharma Realm

1029 West Capitol Avenue,

West Sacramento, CA 95691

Tel/Fax: (916) 374-8268

金輪聖寺

Gold Wheel Monastery

235 North Avenue 58,

Los Angeles, CA 90042

Tel/Fax: (323) 258-6668

福綠壽聖寺

Blessings, Prosperity, and Longevity Monastery

4140 Long Beach Boulevard,

Long Beach, CA 90807

Tel/Fax: (562) 595-4966

長堤聖寺

Long Beach Monastery
3361 East Ocean Boulevard,
Long Beach, CA 90803
Tel/Fax: (562) 438-8902

華嚴精舍

Avatamsaka Vihara
9601 Seven Locks Road
Bethesda, MD 20817-9997
Tel/Fax: (301) 469-8300

金法寺

Gold Dharma Monastery
3645 Florida Avenue
Kenner, LA 70065
Tel: (504) 466-1626

金峰聖寺

Gold Summit Monastery
233 1st Avenue West,
Seattle, WA 98119
Tel: (206) 284-6690 Fax: (206) 284-6918

金佛聖寺

Gold Buddha Monastery
248 East 11th Avenue,
Vancouver, B.C. V5T 2C3 Canada
Tel: (604) 709-0248 Fax: (604) 684-3754

華嚴聖寺

Avatamsaka Monastery
1009 4th Avenue S.W.,
Calgary, AB T2P OK8 Canada
Tel/Fax: (403) 234-0644

法界佛教印經會

Dharma Realm Buddhist Books Dist. Society
11th Flr, 85 Chung-Hsiao E. Road, Sec 6, Taipei
Tel: (02) 2786-3022 Fax: (02) 2786-2674

法界聖寺

Dharma Realm Sage Monastery
Tung Hsi Shan Dist #20, Shing Long Tsuan,
Liu Kuei Village, Kao Hsiung Country, Taiwan
Tel: (07) 689-3713 Fax: (07) 689-3870

彌陀聖寺 Amitabha Monastery
7 Su-chien hui,Chih-nan Village,
Shou-feng, Hua-lien County, Taiwan
Tel: (03) 865-1956 Fax: (03) 865-3246

般若觀音聖寺（原紫雲洞）
Prajna Guanyin Sagely Monastery
Batu 51/2 Jalan Sungai Besi, Salak Selatan
Baru, 57100 Kuala Lumpur, Malaysia
Tel: 011-(603) 7982-6560
Fax: 011-(603) 7980-1270

觀音堂（登彼岸）
Deng Bi An Temple
161, Jalan Ampang, 50450
Kuala Lumpur, Malaysia,
Tel: 011-(603) 2164-8055
Fax: 011-(603) 2163-7118

蓮華精舍
Lotus Vihara Temple
136, Jalan Sekolah, 45600 Batang Berjuntai,
Selangor Darul Ehsan, Malaysia
Tel: (03) 3271-9439

發行人：法界佛教總會

出版：法界佛教總會·佛經翻譯委員會·
法界佛教大學

地址：萬佛聖城
Dharma Realm Buddhist Association
City of Ten Thousand Buddhas
4951 Bodhi Way, Ukiah, CA 95482
Tel: (707) 462-0939 Fax: (707) 462-0949

倡印：法界觀音聖寺
Dharma Realm Guan Yin Sagely Monastery
161, Jalan Ampang, 50450
Kuala Lumpur, Malaysia,
Tel: (03) 2164-8055
Fax: (03) 2163-7118

出版日：西曆 2004 年 5 月 4 日
佛曆 3031 年 3 月 16 日
準提菩薩聖誕·宣化上人誕辰

ISBN 0-88139-950-7